Flânerie dans le Vignoble de la **Vallée du Rhône**

Fancy a stroll around the Rhône Valley vineyards

Photographies | *Christophe Grilhé*
Textes | *Christophe Tassan*

Préface
Preface

Lorsqu'un léger mistral balaie les derniers nuages matinaux et rafraîchit la chaleur provençale, que les cigales enchantent la quiétude des pinèdes, une flânerie dans le Vignoble de la Vallée du Rhône s'impose. C'est un plaisir toujours renouvelé et un programme enchanteur.

Imaginez : 250 kilomètres du Nord au Sud, plus de 250 villages, tous plus typiques les uns que les autres... Les Vignobles de la Vallée du Rhône, c'est tout un monde, toute une atmosphère à découvrir, un univers changeant qui s'enroule et se déroule autour d'un axe puissant : le Rhône.

Le Rhône... fleuve-roi mêlant flots, galets, Histoire, culture et aventure. Depuis toujours, le Rhône est le trait d'union et l'élément fédérateur de ces terres de contrastes, de Vienne à Avignon, de Nîmes aux confins du Ventoux et du Luberon. Le Rhône... à la fois père nourricier et ouverture sur le monde méditerranéen, berceau de la civilisation occidentale.

Nous allons avec cet ouvrage emprunter quelques-uns des chemins qui s'offrent à vous. Mais je crois qu'aucun ne vaudra ceux que vous choisirez vous-même. Promenez-vous au cœur de nos majestueux paysages longuement façonnés par la Nature, l'Homme et la Vigne. Contemplez les témoignages modestes ou imposants d'une Histoire bimillénaire. Enivrez-vous des senteurs de garrigue, de notre Mistral, de la lumière incomparable de la Vallée du Rhône...

Prenez le temps de flâner sur ces chemins vignerons... vous y trouverez tout simplement le bonheur.

Here in the Rhône Valley, when a gentle Mistral breeze sweeps away the last morning clouds and tempers the Provencal sun, and when the cicadas infuse peaceful pine forests with their magical hum, it is time for a vineyard stroll. For this is a pleasure unendingly renewed; a spellbinding prospect. Just imagine: 250 kilometres from North to South, and more than 250 villages, all strongly typical of the region in their own distinctive ways...

The Rhône Valley vineyards are a world and atmosphere apart, just waiting to be discovered. A mercurial land that twists and turns around a powerful centrepiece: the Rhône.

The Rhône, king of rivers, with its freight of water, pebbles, culture and history. Since time immemorial, the Rhône has been the common bond between these contrasting places. From Vienne to Avignon, from Nîmes to the edges of the Ventoux and Luberon, the River Rhône is both our nurturing father and the gateway to the Mediterranean world, cradle of Western civilisation.

In this book, we will travel some of the routes that beckon. But none of them, I feel, could match those that you choose yourself. Step into majestic landscapes crafted by Nature, Man and the Vine. Contemplate the reminders great and small of two thousand years' history. Grow giddy with garrigue fragrances, the Mistral, and the incomparable light of the Rhône Valley...

Take the time to explore these wine-country byways... and you will find happiness.

Christian Paly
Président d'Inter Rhône

Sommaire
Contents

Introduction | 1

Carte de la Vallée du Rhône
Rhône Valley Map | 3

Les Crus des Côtes du Rhône Septentrionaux
The Crus of the Northern Côtes du Rhône | 7/9

Château-Grillet | 11
Condrieu | 13
Cornas | 15
Côte-Rôtie | 17
Crozes-Hermitage | 19
Hermitage | 23
Saint-Joseph | 27
Saint-Péray | 29

Les Crus des Côtes du Rhône Méridionaux
The Crus of the Southern Côtes du Rhône | 31/33

Beaumes de Venise | 37
Châteauneuf-du-Pape | 39
Gigondas | 41
Lirac | 43
Rasteau | 47
Tavel | 49
Vacqueyras | 51
Vinsobres | 53

Les Vins Doux Naturels
Sweet Wines | 54/55

Muscat de Beaumes de Venise | 54
Vin Doux Naturel Rasteau | 55

Les Côtes du Rhône | 57/59
Les Côtes du Rhône Villages | 61

Les Côtes du Rhône Villages avec Nom Géographique
Côtes du Rhône Villages with their geographic names | 63/65

Cairanne | 67
Chusclan | 69
Laudun | 73
Massif d'Uchaux | 75
Plan de Dieu | 77
Puyméras | 79
Roaix | 81
Rochegude | 83
Rousset les Vignes | 85
Sablet | 89
Saint-Gervais | 91
Saint-Maurice | 93
Saint-Pantaléon-les-Vignes | 95
Séguret | 99
Signargues | 101
Valréas | 103
Visan | 105

Les Appellations de la Vallée du Rhône
The appellations of the Rhône Valley | 107/109

Clairette de Bellegarde | 113
Costières de Nîmes | 115
Côtes du Vivarais | 119/121
Grignan-les-Adhémar | 123/125
Luberon | 129/131
Ventoux | 133/135

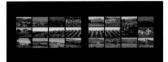

Vers tous ces lieux où l'esprit s'évade,
La dégustation est un des meilleurs guides à la promenade.
Vin merveilleux qui apporte à l'âme la chaleur
Par l'extraordinaire diversité de ses saveurs.

S'arrêter pour prendre le temps d'un verre de vin, c'est vouloir penser, rêver, écouter ses sens.
C'est ensuite se souvenir, se servir de sa mémoire pour revivre des moments de plaisirs,
laisser renaître les émotions.
Buvez, dégustez ce livre. Entrez dans les photos. Flânez au cœur de ces paysages. Regardez, humez, goûtez,
touchez, écoutez. Laissez-vous guider par vos sens et votre imagination.
Alors, vous serez invité dans cette Vallée du Rhône, celle des coteaux et du relief où serpente le fleuve.
Celle des odeurs portées par le mistral, celle de l'accent mélodieux et ensoleillé.
Celle du toucher sensuel, celle du temps qui passe où l'esprit fidèle et attentif se nourrit de cette naturelle
générosité.

In all these special places where the spirit wanders free,
Tastings are the finest way to travel pleasurably.
Wine warms the soul – 'tis a marvel we should savour
For its stunning, rich diversity of flavour.

If you take time out for a glass of wine, you are most likely in a mood to ponder, dream and listen to your senses.
Later you will want to reminisce, reviving your memories to relive moments of pleasure and rekindle emotions.
Drink this book. Taste it. Step inside its photos. Take a stroll through our heartlands.
Look. Smell. Taste, touch, listen. Let your senses and imagination lead the way.
Do this and the Rhône Valley will beckon – a valley of slopes and dramatic contours, through which the river winds.
The valley where fragrances are borne by the Mistral; where the people have a sunny, singsong accent.
The valley with a sensual touch, where, as time goes by, the local spirit of attentive loyalty is nourished by Mother
Nature's generosity.

VERS LYON

VIENNE

CÔTE RÔTIE

CONDRIEU

CHÂTEAU-GRILLET

SAINT-JOSEPH

CROZES-HERMITAGE

HERMITAGE

CORNAS

SAINT-PÉRAY

VALENCE

MONTÉLIMAR

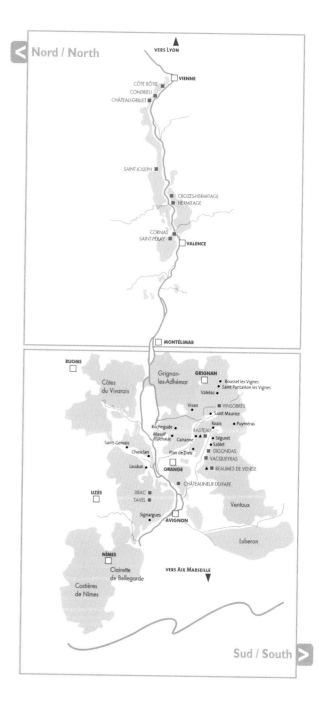

SUD / SOUTH

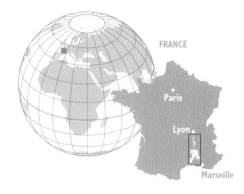

FRANCE

Paris

Lyon

Marseille

RUOMS

Côtes du Vivarais

Grignan-les-Adhémar

GRIGNAN

• Rousset les Vignes
• Saint Pantaléon les Vignes

Valréas •

• Visan

■ VINSOBRES

• Saint Maurice

Rochegude •

Roaix •   • Puyméras

RASTEAU • ▲ ■

Massif d'Uchaux •

Cairanne •   • Séguret
• Sablet

Saint-Gervais •

Chusclan •

Plan de Dieu •

■ GIGONDAS

■ VACQUEYRAS

▲ ■ BEAUMES DE VENISE

Laudun •

ORANGE

■ CHÂTEAUNEUF-DU-PAPE

UZÈS

LIRAC ■

TAVEL ■

Ventoux

Signargues •

AVIGNON

Luberon

NÎMES

Clairette de Bellegarde

VERS AIX MARSEILLE

▼

Costières de Nîmes

> ▨ **Aire d'Appellation des Côtes du Rhône régionaux**
  Produits sur 171 communes dans 6 départements.
  171 villages total for Côtes du Rhône production area.

> ▨ **Les appellations d'AOC de la Vallée du Rhône**
  The appellations from the Rhône Valley
  Clairette de Bellegarde, Costières de Nîmes, Côtes du Vivarais,
  Grignan-les-Adhémar, Luberon, Ventoux.

> ● **17 Côtes du Rhône Villages avec nom géographique**
  95 communes de production pour les Côtes du Rhône Villages
  avec ou sans nom géographique.
  17 Côtes du Rhône Villages with their geographic names
  95 villages total for Côtes du Rhône Villages
  with or without their geographic names.

> ■ **Les 16 Crus des Côtes du Rhône**
  16 Crus of the Côtes du Rhône.

> ▲ **Les 2 Vins Doux Naturels**
  Sweet Wines.

Carte de la Vallée du Rhône
Rhône Valley Map

Crozes-Hermitage - Hermitage - Saint-Joseph - Saint-Péray

Merveille de la nature, perfection géométrique. Les crus septentrionaux forment le relief du bouquet des vins de la Vallée du Rhône. Ces grands vins sont issus d'un mariage entre la vigne, le sol et le climat. Mariage aussi sûr et éternel que la présence immuable du Rhône. Affirmant avec conviction cette personnalité née

La vigne reste mystérieuse, elle exprime à chaque millésime, par la grappe, la saveur du sol. C'est ici, sur la roche-mère granitique, que la syrah, la roussanne, la marsanne et le viognier donnent naissance aux vins dont la réputation n'a pas de frontière.

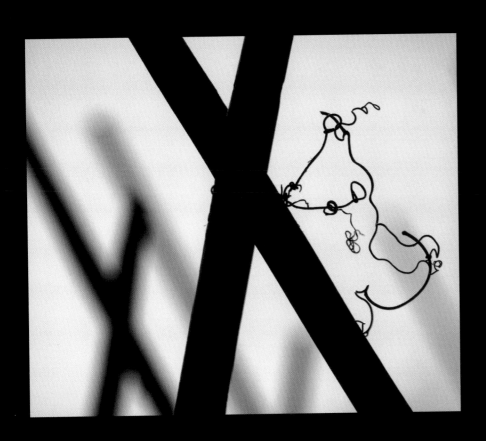

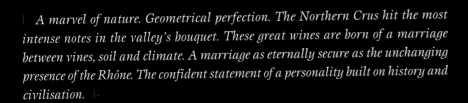

| *A marvel of nature. Geometrical perfection. The Northern Crus hit the most intense notes in the valley's bouquet. These great wines are born of a marriage between vines, soil and climate. A marriage as eternally secure as the unchanging presence of the Rhône. The confident statement of a personality built on history and civilisation.* |

| *The vines have kept their mystery. With each vintage, the bunches describe the savour of the soil. It is here, on the granite bedrock, that Syrah, Roussanne, Marsanne and Viognier vines give rise to wines whose reputation knows no borders.* |

| Terroir ciselé, fragile, précieux à la minéralité unique, Château Grillet restitue cette rare élégance en bouteille. |

| *Château Grillet boasts chiselled, fragile, precious vineyards with a unique mineral complex, and recreates this rare elegance in the bottle.* |

Corne d'abondance de fleurs et de fruits, Condrieu affiche un tempérament aussi fort que son terroir est petit.
Incessante éclosion de parfums et de saveurs. Enivrante ivresse.

A plentiful stash of flowers and fruit, Condrieu has a temperament as big as its terroir is small.
A constant starburst of fragrances and flavours. Heady pleasure indeed.

| Secret, abrupt, Cornas sait récompenser la patience et la curiosité, en dévoilant richesse et complexité. |

| *Secretive and steep-sloped, Cornas will reward patience and curiosity, eventually unveiling its rich complexity.* |

| Modèle d'organisation, Côte-Rôtie n'est que finesse et élégance, charme à l'état pur, sculpture du temps et du savoir. Côte-Rôtie l'époustouflante. |

| *A model of organisation, Côte-Rôtie is all finesse and elegance and unqualified charm, sculpted from time and knowledge. Côte-Rôtie, an astounding AOC.* |

┃ Désaltérant, charmeur, le Crozes-Hermitage est une invitation permanente
à la découverte de la fraîcheur du fruit et des fleurs.
Ici, le printemps dure plus longtemps. ┃

┃ *A thirst-quenching charmer, Crozes-Hermitage is an open invitation to*
discover the freshness of its fruit and flowers.
In these parts, springtime lasts for longer. ┃

Imposant sa stature, l'Hermitage domine. Sans prétention. Puissant, indestructible.

Imposing in its stature, Hermitage holds sway. Unpretentious, powerful, indestructible.

| " Lieux de partage, de rires, de joie, de discussions ; de vie en somme. Les bistrots, bars à vins et caveaux sont autant de places où le vin attend patiemment en bouteille d'être choisi et de faire naître l'émotion. " |

| *"Places for sharing, laughter, joy and conversation – for living, in a word. In bistrots, wine bars and tasting rooms, the wine waits patiently in bottle until it is chosen… and able to stir emotion."* |

Droit, franc, vaillant, rugueux, Saint-Joseph est une histoire simple et sûre, entre l'homme, le granit et le végétal, dont le fleuve est le garant.

Forthright, clean, gutsy and rugged, Saint-Joseph tells the tale of a simple, solid bond between man, the granite and the vine – a bond underwritten by the river.

| Au détour de la route, Saint-Péray surgit.
Terroir intégré dans la pierre, dans l'Histoire, enrobé et patiné comme son vin, aux délicates effluves minérales et fleuries. |

| *Round a bend in the road, Saint-Péray swings into view.*
Its terroir, weaved into the stone and into history, is coated and patined like its wine –
a bouquet of delicate mineral and floral scents. |

Beaumes de Venise - Châteauneuf-du-Pape - Gigondas - Lirac

Rasteau - Tavel - Vacqueyras - Vinsobres

Les Crus des Côtes du Rhône Méridionaux sont la partie éclatante du bouquet aux couleurs et formes variées. Ici, chacun des crus est une fleur, tantôt suave et veloutée, enivrante et puissante, tantôt chaude et terrienne, si proche de la garrigue, toujours odorante, épanouie, offerte, gorgée de ce soleil si empreint dans le vin.

Les Crus des Côtes du Rhône Méridionaux, c'est aussi le génie de l'assemblage. Diversité de sols, mosaïque de terroirs, métissage de cépages. Le secret de cette sculpture est d'être taillée autour du grenache et du soleil, véritables trames du vignoble. Subtile complicité, révélée dans ce nectar.

The Crus of the Southern Côtes du Rhône are the brilliant part of the bouquet, boasting a variety of colours and shapes. Each cru here is a flower – some are smooth and velvety, some heady and powerful, and some warm and earthy, so close to the garrigue… always scented, blooming and beaming, replete with the sunshine that so influences the wine.

The Crus of the Southern Côtes du Rhône also embody the genius of blending. Diverse soils, a mosaic of terroirs, and a mingling of varieties. The secret of the sculpture? Focus on Grenache grapes and the sun, the vineyards' main materials. Theirs is a subtle interaction, which comes to light in the nectar.

"Terre de lumières, riche de tant de couleurs. Autant de nuances que de combinaisons de notes musicales possibles.
Le vin chante la nature. La nature chante le vin. Mélodies gustatives et sensorielles." ı

ı *"Land of light, wealth of colours. As many shades as there are music-note combinations.
Wine is a song to nature. Nature is a song to wine. Melodies of taste, melodies of the senses..."* ı

Enfant des Dentelles de Montmirail, Beaumes de Venise dévoile un terroir à la signature forte.
Contraste de miel et de rugosité, de paix et de force, lieu de paradis encore préservé.

┃ *A child of the Dentelles de Montmirail hill range, Beaumes de Venise is endowed with a tremendous terroir.*
A contrast of honey and ruggedness, of peacefulness and strength… a paradise never lost. ┃

| Soyeux, envoûtant, Châteauneuf-du-Pape
est inimitable.
Surgi d'un océan de galets, le vin emporte vers
le plaisir, berce jusqu'à l'extase. |

| *Silky and beguiling, Châteauneuf-du-Pape*
defies imitation.
It rises up from an ocean of pebbles, promising
peaks of pleasure and taking you higher, higher… |

Sculpté par le vent, Gigondas l'opulent, offre un visage où la marque du temps force le respect.
Traits d'où émane cette apaisante et rassurante sagesse.

The wind-sculpted face of opulent Gigondas bears the marks of time, compelling our respect.
Its features exude a soothing, reassuring wisdom.

Fraîcheur et tendresse, Lirac revendique cette étonnante tranquillité.
Légèreté seulement apparente qui laisse découvrir un fond indiscutablement généreux et chatoyant.

| *Lirac wine is fresh and delicate, and proud of its amazingly tranquil reputation.*
But do not be deceived by its easy-going exterior, which falls away to reveal an undeniably generous, shimmering core. |

| Nécessaire repos, l'hiver et son froid protecteur obligent la vigne à un sommeil nourricier. De cette hibernation naîtra le renouveau. Merveilleuse nature qui fait éclore la vie pour qu'à chaque fois revienne l'émotion. |

| Le froid et le chaud, la lumière et l'ombre, l'excitation et le calme, l'intensité et la légèreté ; aucun de ces états n'a de valeur sans l'autre. La vigne se nourrit de l'amplitude entre ces extrêmes et enfante le raisin, fils du soleil et de la terre. Vin du Rhône bien né. |

The protective cold of winter lulls the vines into a nourishing sleep – a period of hibernation that sets the scene for their renewal. Nature is a wonderful thing, coaxing he buds of life to open and bring our emotions rushing back.

Cold and heat, light and shade, excitement and calm, intensity and a casual tempo; none of these states is worth a thing without its partner. The vines benefit from the full range between these extremes, and yield the grapes, sons of the sun and soil. Rhône Valley wines are blessed indeed.

| Imposant, ample, solaire, riche, Rasteau est doué de nature. Privilégiés des Cieux, ses vins sont des modèles de densité. |

| *Imposing, full-bodied, sun-blessed and rich, Rasteau is naturally gifted. favourite of the gods, its wines are models of density.* |

Attirant, Tavel se pare
de milliers de tonalités de rose pour séduire et
captiver les sens. Exceptionnelle luminosité,
source d'inspiration gastronomique.

| *Gorgeous Tavel dresses in a thousand shades of pink to seduce and captivate the senses. Luminous like no other wine, it inspires the chef, the eater and the eaten.* |

Solaire et chaud, Vacqueyras s'épanouit à l'abri des Dentelles de Montmirail, pour offrir un vin de couleur
et de profondeur, nectar d'épices, de fruits surmuris et de garrigue.

Sheltered by the Dentelles de Montmirail, Vacqueyras stretches out in the baking sun, crafting a wine of colour and depth:
a nectar of spice, over-ripe fruit and pungent garrigue scents.

| Frais, charnu, Vinsobres offre un puzzle abouti de bois, de coteaux, de plateaux et
de petits îlots à l'ombre protectrice et délicieuse. |

| *Fresh and fleshy, Vinsobres offers up an accomplished jigsaw of oak trees, hillsides,
plateaux and little islands with delightful, protective shade.* |

Muscat de Beaumes de Venise

Rasteau

Intemporel. Le Côtes du Rhône est intemporel.
La vigne se nourrit des quatre saisons et puise dans le climat, les ressources vitales à l'élaboration de l'harmonie. Invariablement ces quatre saisons distinctes influencent la plante qui engendre des caractères affirmés. Tantôt gais, chauds, quelquefois sévères, dans tous les cas généreux.

A chaque printemps la magie de la nature opère. La renaissance des beaux jours laisse apparaître une vigne simple, sûre, déterminée dans la protection de son fruit, d'où naîtra le délicieux nectar.

Timeless. The Côtes du Rhône are timeless.
The vines are nourished by the four seasons, and from the climate they draw the resources that are vital for a crop of harmonious fruit. These four distinct seasons invariably influence the vines, which craft well-rounded characters. Sometimes jovial, sometimes hot-headed, occasionally austere. But always generous.

Every spring, nature works its magic. The fine weather returns, bringing vines that are simple, solid, and determined protectors of their fruit, which will yield a delicious nectar.

Cairanne - Chusclan - Laudun - Massif d'Uchaux - Plan de Dieu - Puyméras - Roaix - Rochegude - Rousset les Vignes

Sablet - Saint-Gervais - Saint-Maurice - Saint-Pantaléon-les-Vignes - Séguret - Signargues - Valréas - Visan

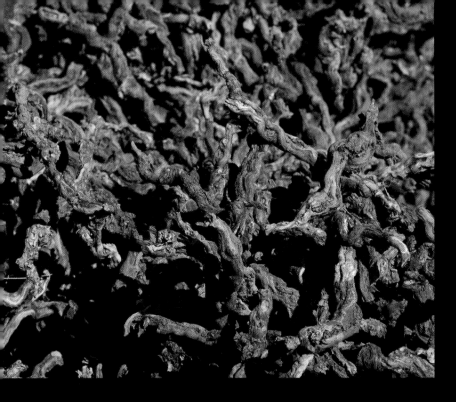

"Villages"

Dans ce mot, dans chacun des villages des Côtes du Rhône se cache un secret.
Évoquer Cairanne, Saint-Maurice, Saint-Gervais, ou Laudun, c'est avoir cette pensée
rassurante qui rappelle la vie paisible autour d'une école, d'une boulangerie, d'un
clocher, d'une auberge ou d'un platane centenaire…

"Villages" et l'on entrevoit, proches des maisons, des paysages de vignobles et

| "Villages" et des personnalités, des visages différents apparaissent.
Tous appartiennent à la même famille rhodanienne, mais quelle diversité !
Dans chaque vin se cache l'âme du village. L'âme du terroir et du vigneron,
l'âme qui parle aux sens et à l'esprit. L'âme qu'il vous appartient de découvrir
en offrant au vin votre sensibilité. |

| *"Villages"*

In this word, and in each village in the Côtes du Rhône, there is a hidden secret.

Names such as Cairanne, Saint-Maurice, Saint-Gervais and Laudun conjure up a reassuring scene centred on a school, a bakery, a belltower, a hostelry or a hundred-year-old plane tree…

Think "Villages" and, close to the houses, you can glimpse vineyard landscapes and nourishing earth, living in harmony. |

| *Think "Villages" and a host of personalities, all with different faces, materialises. They all belong to the same Rhône Valley family, but what diversity!*

Each wine is home to a village's soul – the soul of the terroir and the grape-grower; a soul that touches the senses and the mind. A soul that is yours to discover, by offering your sensibility to the wine. |

| Caché derrière un paysage mélodieux, Cairanne dévoile une étonnante plénitude soigneusement organisée, enrobée d'une patine de velours. |

| *Concealed by a melodious landscape, Cairanne reveals an astonishing fullness, carefully structured, with a velvet-lined finish.* |

Enracinée dans la géologie, la vigne de Chusclan exploite chaque recoin de terroir
pour en retirer cette sève qui donnera au vin suavité et tendresse.

Rooted in geological strata, the vines of Chusclan make use of every cranny in their terroir
to draw up the sap that makes its wines delicate and smooth.

Délice, douceur, à Laudun tout est harmonie. Simple, sous cette bienveillance maternelle de l'environnement.
Ici, les vins naissent tendres, coulants, tellement «Rive droite du Rhône». |

Laudun is a gentle delight, with harmony all around. A simple place, blessed by the maternal benevolence of its surroundings.
Wines born here are delicate and silky – quintessential features of the Rhône's west bank. |

| Mosaïque de sols, le Massif d'Uchaux est à la fois impétueux et vif, complexe et régulier, offert et caché, pour des vins plaisants et fins. |

A mosaic of soils, the Massif d'Uchaux is at once impetuous and lively, complex and consistent, offered and hidden, and yields subtle, appealing wines.

Modèle de longévité, le Plan de Dieu possède
cette force de la résistance à la dureté du climat,
d'où naît ce caractère unique des Côtes du Rhône,
fleur de la terre qui devient vin.

A model of longevity, the Plan de Dieu is innately
strong, able to withstand the harshness of the local climate –
which shapes the unique character of the Côtes du Rhône, an
earth flower that turns into wine.

Tendre, presque timide, attachant, Puyméras affirme délicatement sa présence avec des vins vifs et sincères.

Affectionate and engaging, yet almost shy, Puyméras makes a deft impression with its lively, wsincere wines.

Fougueux mais accueillant, Roaix offre des vins de caractère à l'accent rocailleux, à l'équilibre d'une élégante rusticité.

Fiery yet welcoming, Roaix is home to characterful wines with a flinty edge and an elegantly rustic balance.

Avec beaucoup de prestance, le village de Rochegude veille sur ses vignes,
dont les vins fins et fruités symbolisent l'harmonie de la simplicité.

*With considerable panache, the village of Rochegude stands guard over its vines,
whose fine and fruity wines symbolise the harmony of simplicity.*

Coin caché, protégé, Rousset-les-Vignes constitue un repère malicieux
où le terroir et le végétal s'expriment en légèreté. Pure expression de la nature préservée.

| Secluded and well-protected, Rousset-les-Vignes is an artful little spot where the soil
and its crop perform a delicate duet. Nature here is conserved in its purest form. |

" Rares sont les éléments qui nous entourent et permettent aux sens de fonctionner.
Encore plus exceptionnelle, la dégustation du vin fait naître les sensations qui peuvent devenir des émotions.
Pure création de l'homme, le vin est une partition musicale en bouteille prête à enchanter le dégustateur attentif . "

"Few things around us truly engage the senses. And tasting wine, even more unusually,
kindles sensations that can become emotions.
A pure human creation, wine is a piece of music in a bottle, ready to beguile the attentive taster. "

Jeunesse du fruit, force des épices, rugosité de la garrigue. Sablet affirme sa présence par l'accent chaleureux de ses vins.

Youthful fruit, forceful spices, and rugged garrigue scrubland. Sablet makes a statement with the warm-hearted attitude of its wines.

Abrité, sauvegardé, Saint-Gervais est un coin de terroir sablonneux, quelquefois calcaire, où les vins s'expriment en légèreté,
avec le seul désir de faire naître une sensation de souplesse.

Sheltered and unspoilt, Saint-Gervais is a stretch of sandy and sometimes chalky soil whose wines have a light touch.
Their one desire? To conjure a supple sensation.

Vallonné, bienveillant, reposant, Saint-Maurice, un coteau accessible et lumineux. Formidable berceau de vins solides à l'expression chaleureuse.

| *Benevolent, restful, and cut through with little valleys, Saint-Maurice is an accessible, luminous hillside. A tremendous breeding-ground for chunky, warm-hearted wines.* |

| Ordonné, organisé, Saint-Pantaléon-les-Vignes, reflète le consentement maternel de la nature pour le travail de l'homme. Le vin y est équilibré, aimable. |

| *Orderly and organised, Saint-Pantaléon-les-Vignes reflects nature's maternal consent for the work of man. Its wine is pleasant and well-balanced.* |

" Quand le Mistral fait une pause, les nuages en profitent, flegmatiques ;
ce sont eux qui prennent un bain de soleil en se délectant des courbes magnifiques des paysages du vignoble."

*" When the Mistral pauses, the clouds phlegmatically enjoy the moment,
bathing in the sun and savouring the splendid curves of the vinescapes. "*

Adossé à la colline pour mieux protéger ses vignes, Séguret offre des vins jumeaux à sa physionomie.
Bâtis, construits, structurés, résistants au temps.
A l'allure exceptionnelle. Livrant jalousement des parcelles d'histoire.

Tucked against the hillside to better protect its vines, Séguret offers wines that match its geographical site.
Well-built and structured, to stand the test of time.
Unusually charismatic, they jealously give up little parcels of their history.

Plateaux pierreux surélevés, étendue de galets roulés, Signargues offre un terroir de générosité où s'épanouissent des vins délicatement valorisés par un équilibre à la force tranquille.

High stony plateaux, stretches of river-smoothed pebbles… Signargues provides a generous terroir whose wines are subtly underscored by a strong, gentle balance.

Epanouie, telle une île dans la Drôme provençale, l'enclave de Valréas dévoile un environnement d'où naissent des vins tendres, caressants, au charme sensuel, discret, mais tenace.

Flourishing island-like in the Provençal Drôme, the enclave of Valréas has an environment that produces delicate, caressing wines with a discreetly sensual yet persistent charm.

| Superposition de couleurs et parfums charmeurs. Paysages aux rondeurs féminines, Visan est un village aux vins suaves dont la finesse est relevée de notes épicées. |

| *A bundle of colours and beguiling fragrances, where the landscape has womanly curves, Visan makes smooth wines whose finesse is enlivened by notes of spice.* |

Clairette de Bellegarde - Costières de Nîmes - Côtes du Vivarais

Grignan-les-Adhémar - Luberon - Ventoux

"Vivant, secret, le vignoble est un lieu de vie où la nature veille, surveille, maternelle, au bon équilibre d'une saine et pacifique cohabitation."

" Vibrant yet secret, the vineyard is a living place where nature keeps a maternal watch, minding the balance of a healthy and peaceful cohabitation "

"Hiver. Saison du repos. Reprendre des forces. Se réveiller, redonner vie au paysage. Faire renaître les bienfaits du terroir."

" Winter, season of rest. Regain strength. Awaken. Restore life to the land. Help the goodness of the terroir be reborn."

La clairette est le commencement de la fête. À chaque contour du fleuve, les lampions s'allument, les sens s'activent.
Le vin danse dans les verres et chante cette mélodie douce et joyeuse de la Vallée du Rhône. La séduction opère, le sourire se dessine en clin d'œil à la tendresse de Bellegarde.

Clairette is the beginning of the party. Around every bend in the river, chinese lanterns are lit, and the senses come alive.
The wine dances in the glass, singing the Rhône Valley's sweet, joyful melody. It casts its seductive spell, eliciting a smile for Bellegarde's tenderness.

| Trait d'union entre Rhône et Camargue, entre graviers et galets, les Costières de Nîmes affichent un tempérament méditerranéen coloré.
Tantôt calme et turbulent, fruité et épicé, tantôt sauvage et amadoué, fleuri et riche. Toujours surprenant. |

| *A hyphen between the Rhône and the Camargue, between gravel and pebbles, the Costières de Nîmes exhibit a colourful Mediterranean temperament.*
They may be calm, turbulent, fruity, spicy, wild, smooth, floral or rich… But they will never fail to surprise you. |

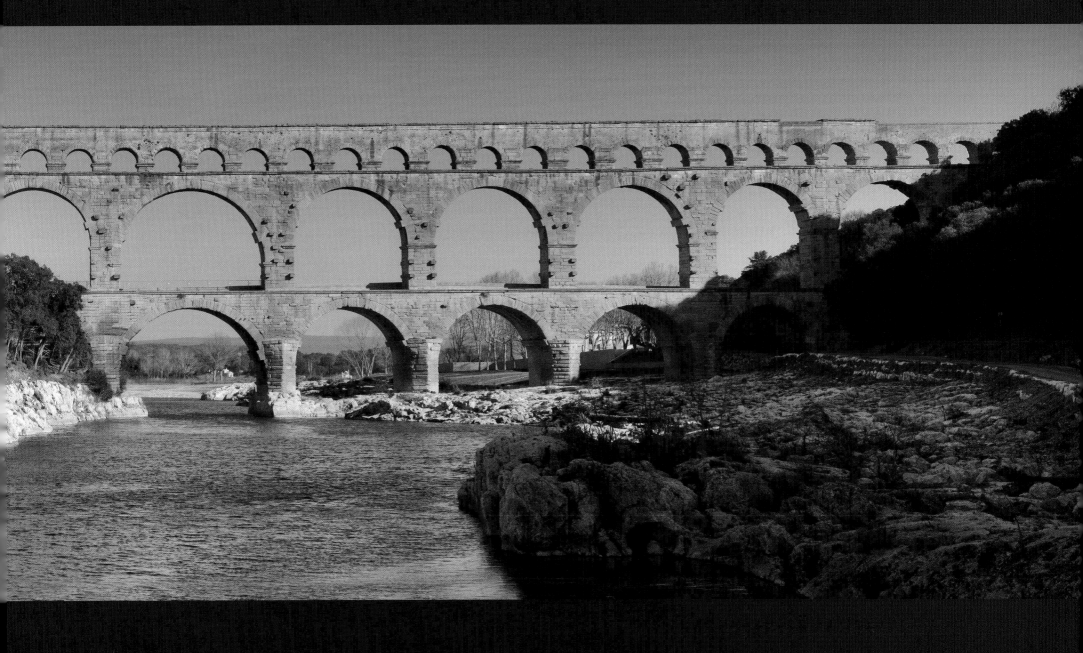

Les notes musicales sont en trois couleurs dans la partition des Côtes du Vivarais.
Vins Rouges, Rosés et Blancs s'inscrivent dans le livre musical de la Vallée du Rhône, enrichissant l'œuvre de la nature.
Ode à l'origine, les symphonies surgissent alors des flancs du fleuve, prêtes à envoûter tel un chant de sirène,
sitôt le flacon ouvert et l'invitation au partage libérée.

The Côtes du Vivarais score is composed of notes in three colours.
Red, rosé and white wines add their tunes to the Rhône Valley songbook, enhancing the work of nature.
In an ode to their roots, symphonies surge forth from the flanks of the river,
poised to bewitch the drinker once the bottle is uncorked, releasing an invitation to share.

Les chênes verts et les pins sur fond de ciel bleu sont un écrin à la vigne.
Grignan-les-Adhémar : Jardin secret où naît à chaque découverte un émerveillement, à chaque pause une rêverie.

Evergreen oaks and pines set against a sky-blue background provide a setting worthy of the vines.
Grignan-les-Adhémar is a secret garden – every discovery sparks a sense of wonder, and every time-out becomes a reverie.

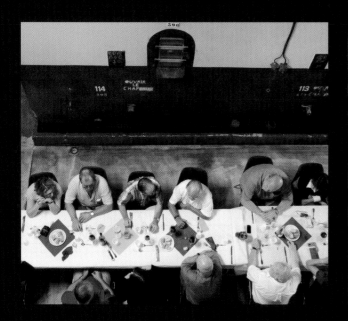  

"Intimement lié à l'évolution des civilisations, souvent témoin, quelquefois acteur,
le vin aujourd'hui populaire et accessible à tous est célébré de multiples façons.
Dans les caves ou bien dans les vignes, hommage lui est rendu en amitié et joie partagée."

"Closely linked to the development of civilisations, often a witness and sometimes an agent,
wine today, popular and accessible to all, is celebrated in myriad ways.
In cellars and vineyards, people pay homage in an atmosphere of shared joy and friendship."

Sauvage et indomptée, la terre du Luberon accepte la main de l'homme pour laisser s'épanouir la vigne.
Sous cet aspect nature, les vins aiment à dévoiler leurs charmes purs et particuliers.

Wild and untamed, the land of the Luberon admits the hand of man to help the vines thrive.
And in return for this loving care, the wines enjoy displaying their pure and special charms.

｜ Géant protecteur et bienveillant de ses garrigues odorantes et de ses vignobles soigneusement cultivés, le Mont Ventoux abrite des vins qui invitent au partage et à la connivence, autour d'une farandole parfumée et savoureuse. ｜

｜ *A kindly giant who watches over the aromatic garrigue scrubland and the carefully tended vineyards, Mont Ventoux shelters wines conducive to sharing and close companionship – celebrated with a fragrant, flavourful centrepiece.* ｜

"Caractère du sol, originalité de la terre, empreinte du terroir ;
ce sont autant de signatures minérales qui s'épanouiront au travers des vins et de leur dégustation."

"*The character of the soil, the individuality of the earth, the imprint of the terroir…*
These stony signatures will reach fulfilment through wines and their tasting."

"Capitale des Côtes du Rhône, capitale artistique, Avignon est aussi capitale estivale de théâtre populaire. Lieu d'expressions, lieu de culture, lieu historique. Battements de cœur, battements de civilisation, le vin y coule au rythme de la vie."

"The capital of the Côtes du Rhône and a capital of the arts, Avignon is also the summer capital of popular theatre. A place of expression, culture and history. Wine, the pulse of hearts and civilisations, flows in this city at the pace of life."